„Pământul este o pată mică,
care se învârte în jurul soarelui prin spațiul infinit.
Cu toate acestea, pentru noi, oamenii el este
locul de naștere al tuturor viețuitoarelor și patria omenirii.
Prin urmare, Pământul este cel mai important obiect ceresc,
geologia fiind creată pentru studiul Pământului."

Prof. Yehuda Leo Picard
Fondator al Institutului Științelor Pământului
la Universitatea Ebraică din Ierusalim
și autor al studiului geologic al Israelului

Acesta este Pământul.

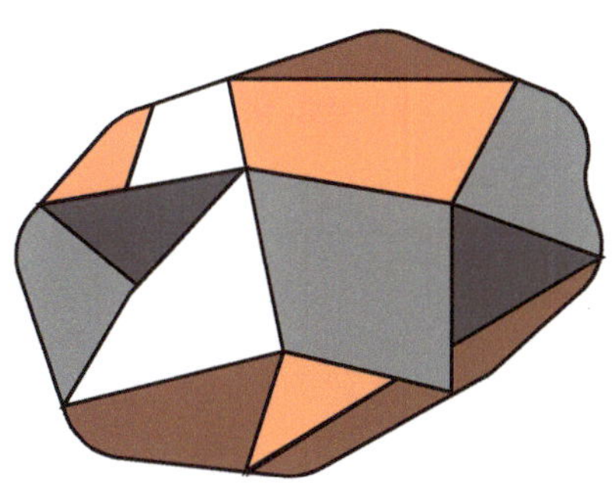

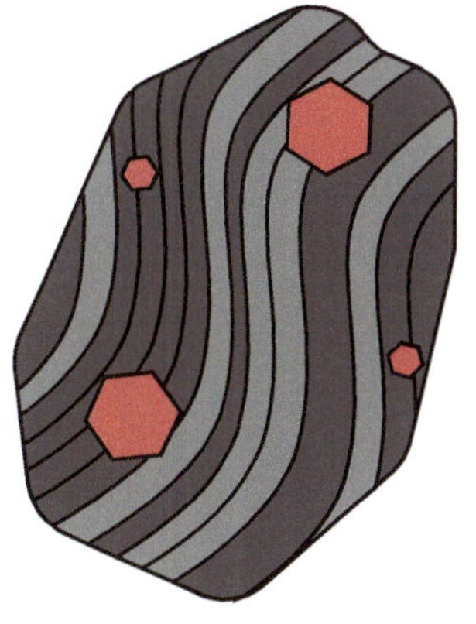

Acestea sunt roci.

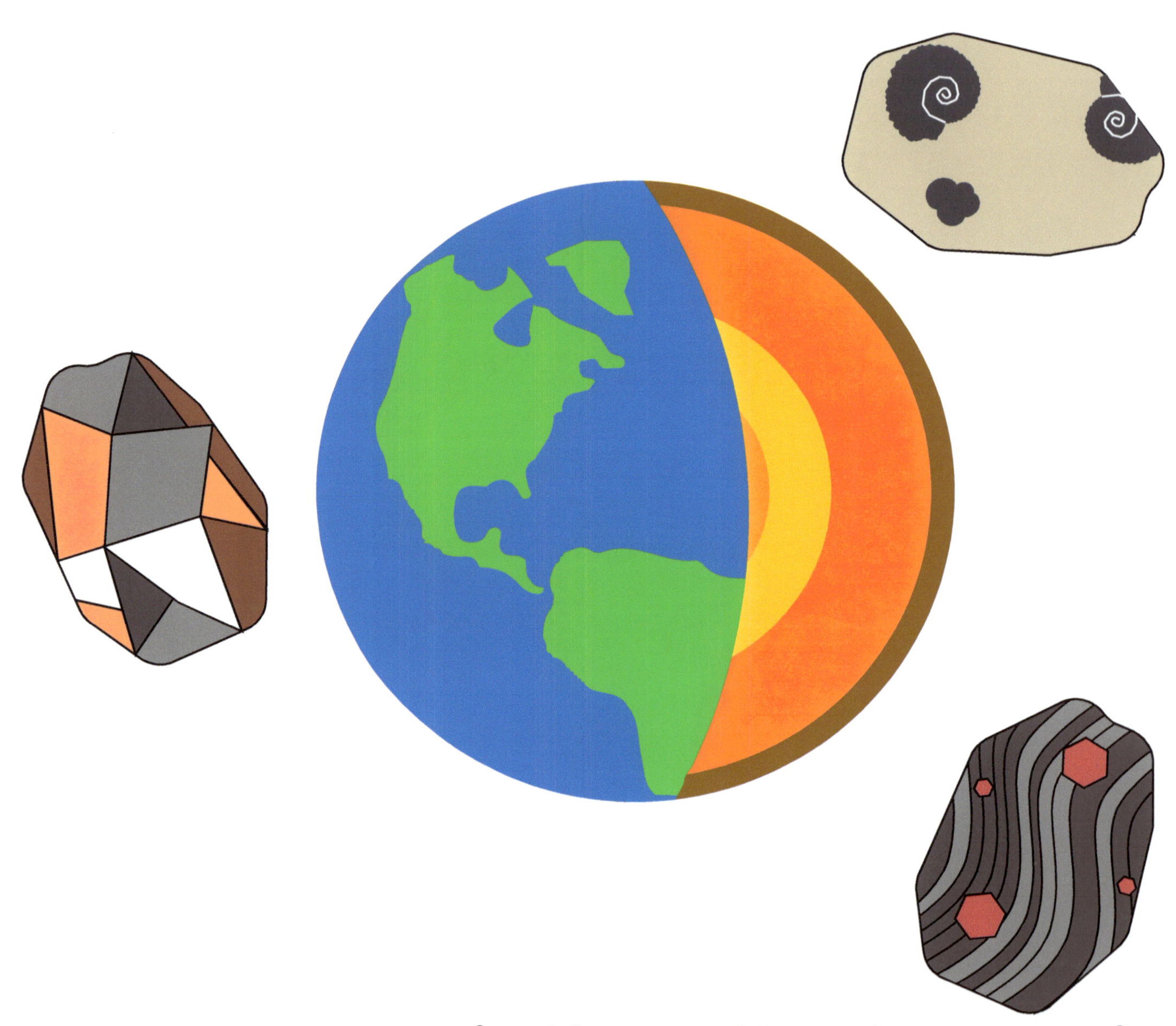

Crusta solidă a Pământului este formată din roci.

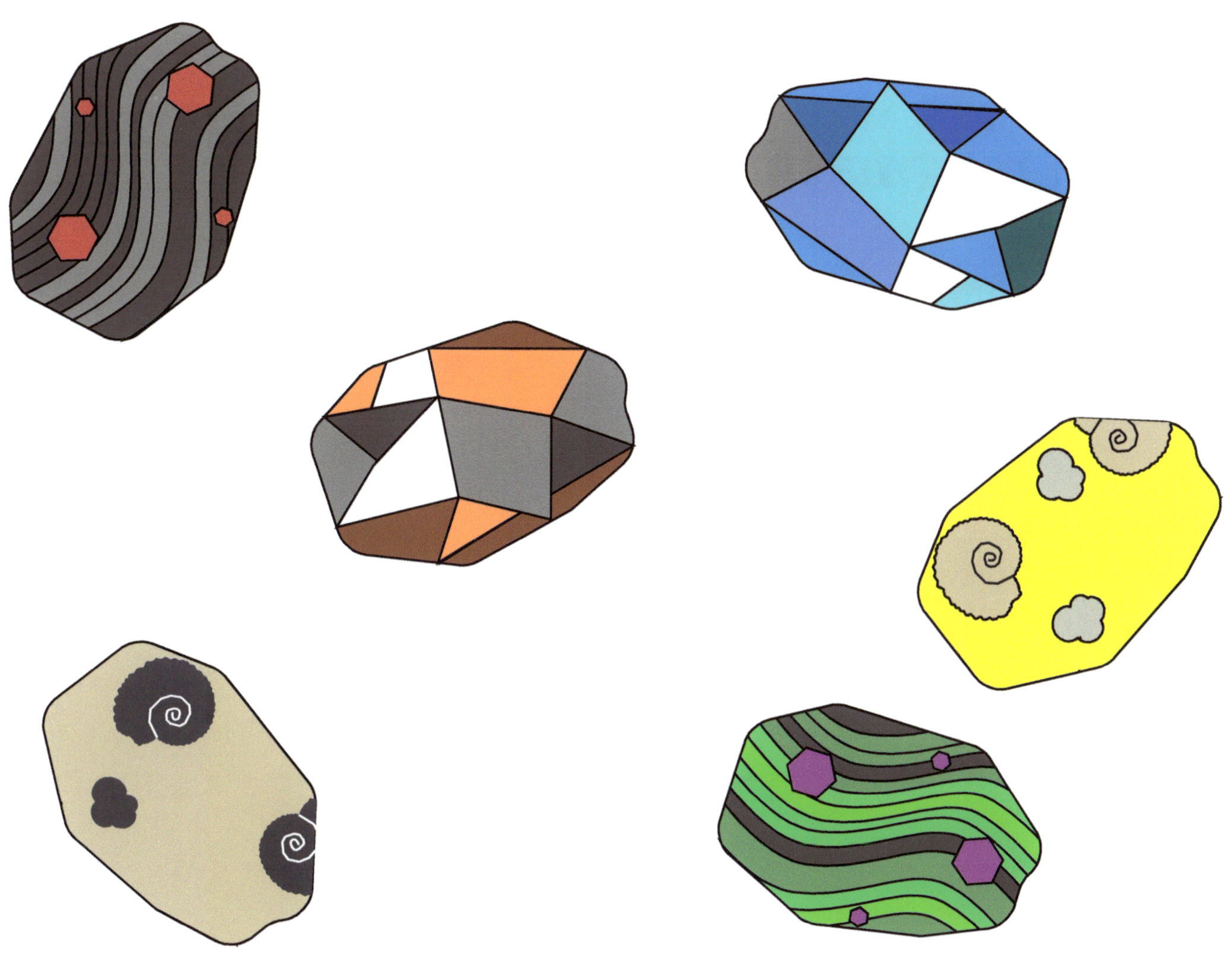

Diferite roci au culori
și texturi diferite.

Roci magmatice

Roci sedimentare

Roci metamorfice

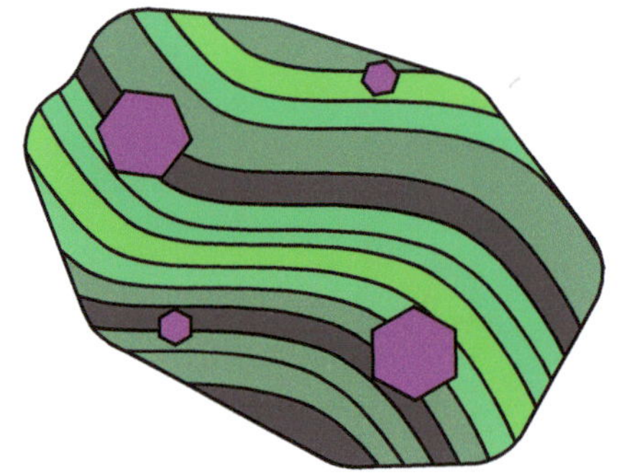

Există trei tipuri principale de roci.

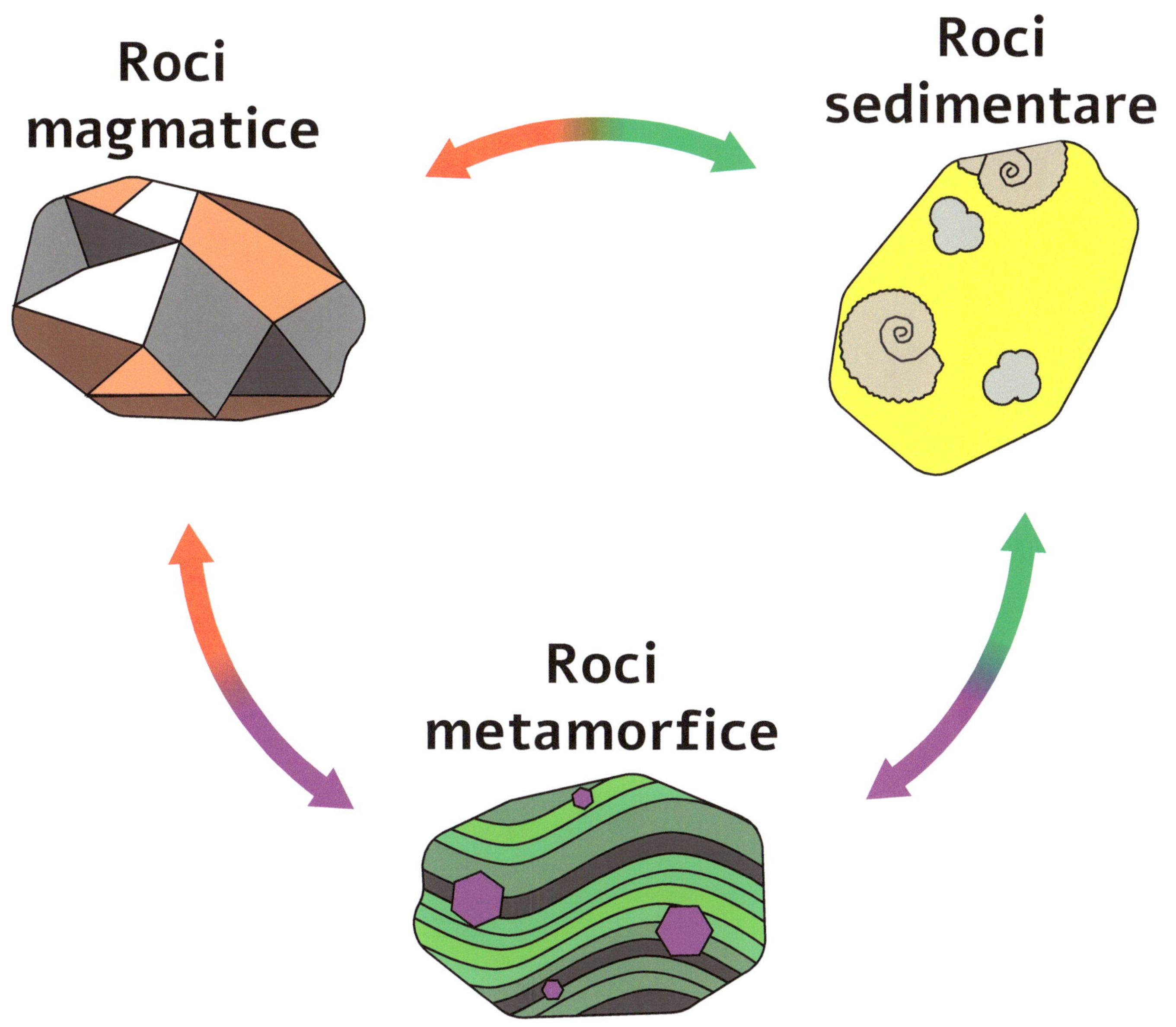

Toate participă la ciclul rocii.

Rocile sunt formate din diferite minerale.

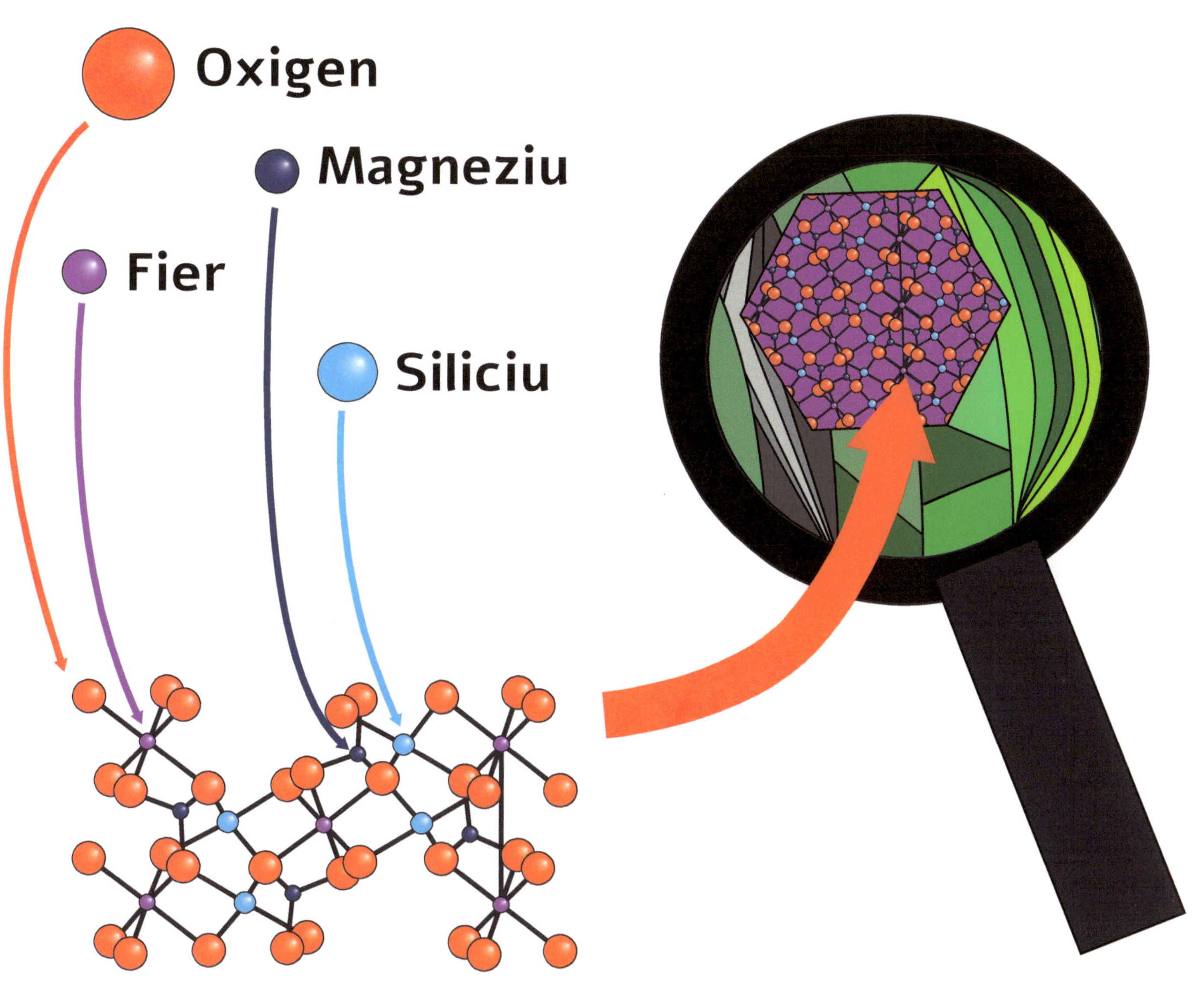

Mineralele sunt formate din elemente.

Rocile se formează în diferite medii.

Când rocile sunt încălzite se topesc.

Aceasta este magma!
Când ajunge la suprafață se numește lavă.

Rocile magmatice se formează din magma și lava răcită.

Când lava se răcește rapid
formează cristale mici.

Când magma se răcește încet
formează cristale mari.

Rocile expuse se erodează și formează sedimente.

**Când sedimentele se litifică,
ele se transformă în roci sedimentare.**

Rocile sedimentare pot conține fosile.

Fosilele sunt rămășițele unor creaturi vii.

Stegosaurus

Unele fosile sunt mari!

Unele fosile sunt mici!

**Rocile sedimentare
pot fi foarte colorate.**

Altele sunt albe, gri și negre.

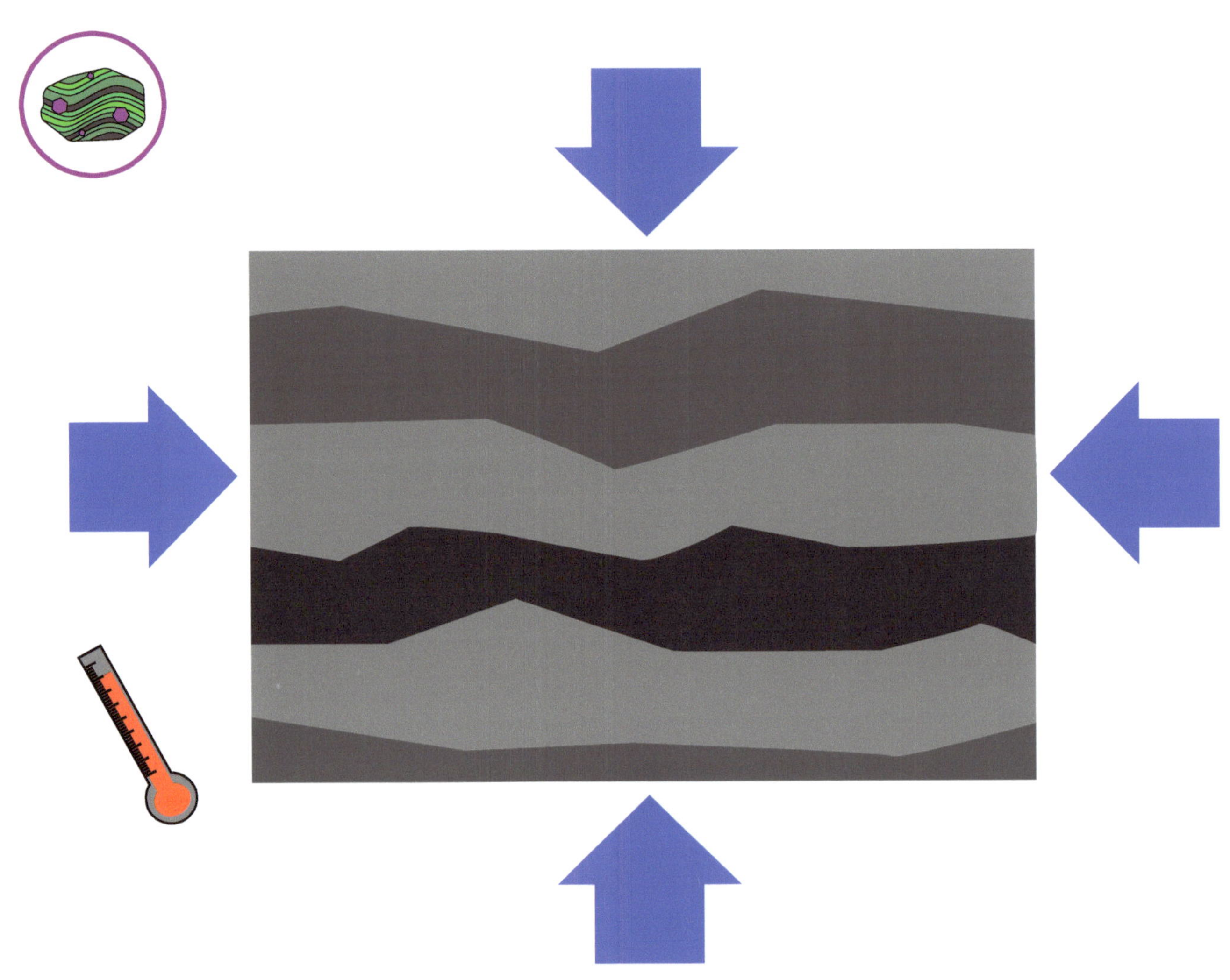

Căldura și presiunea schimbă
textura și mineralogia rocilor.

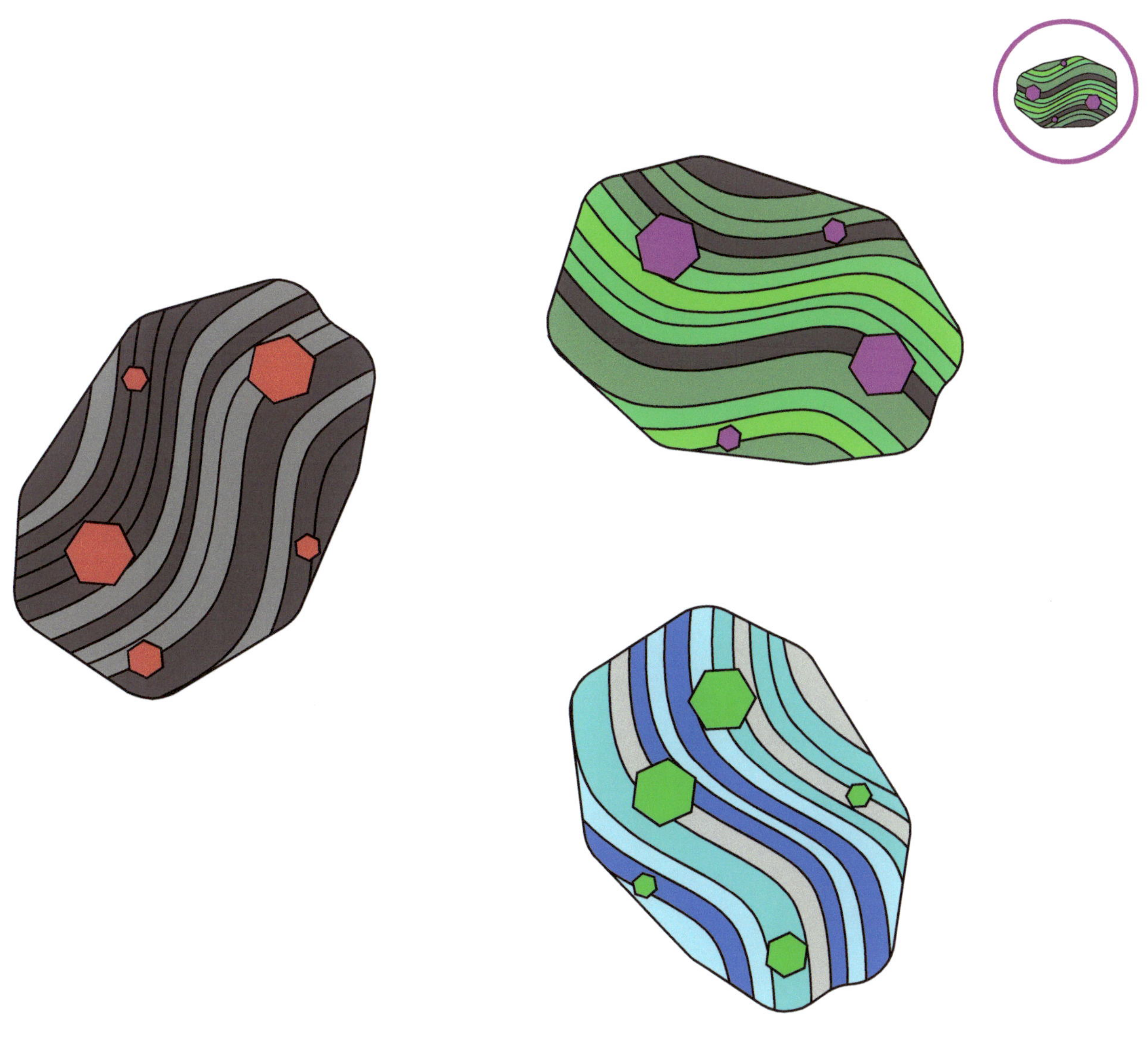

Acestea sunt roci metamorfice!

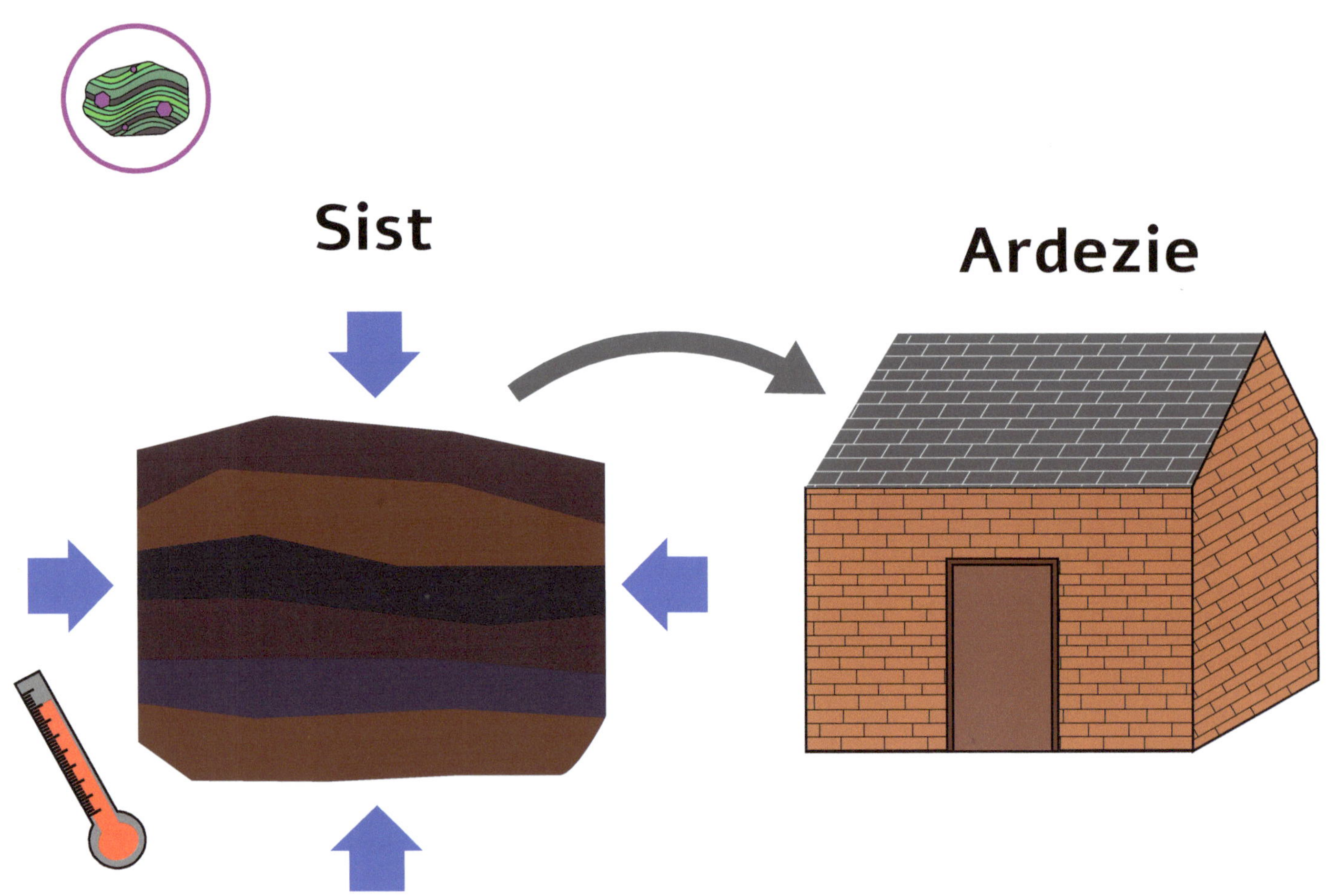

Așa obținem ardezia pentru acoperișuri!

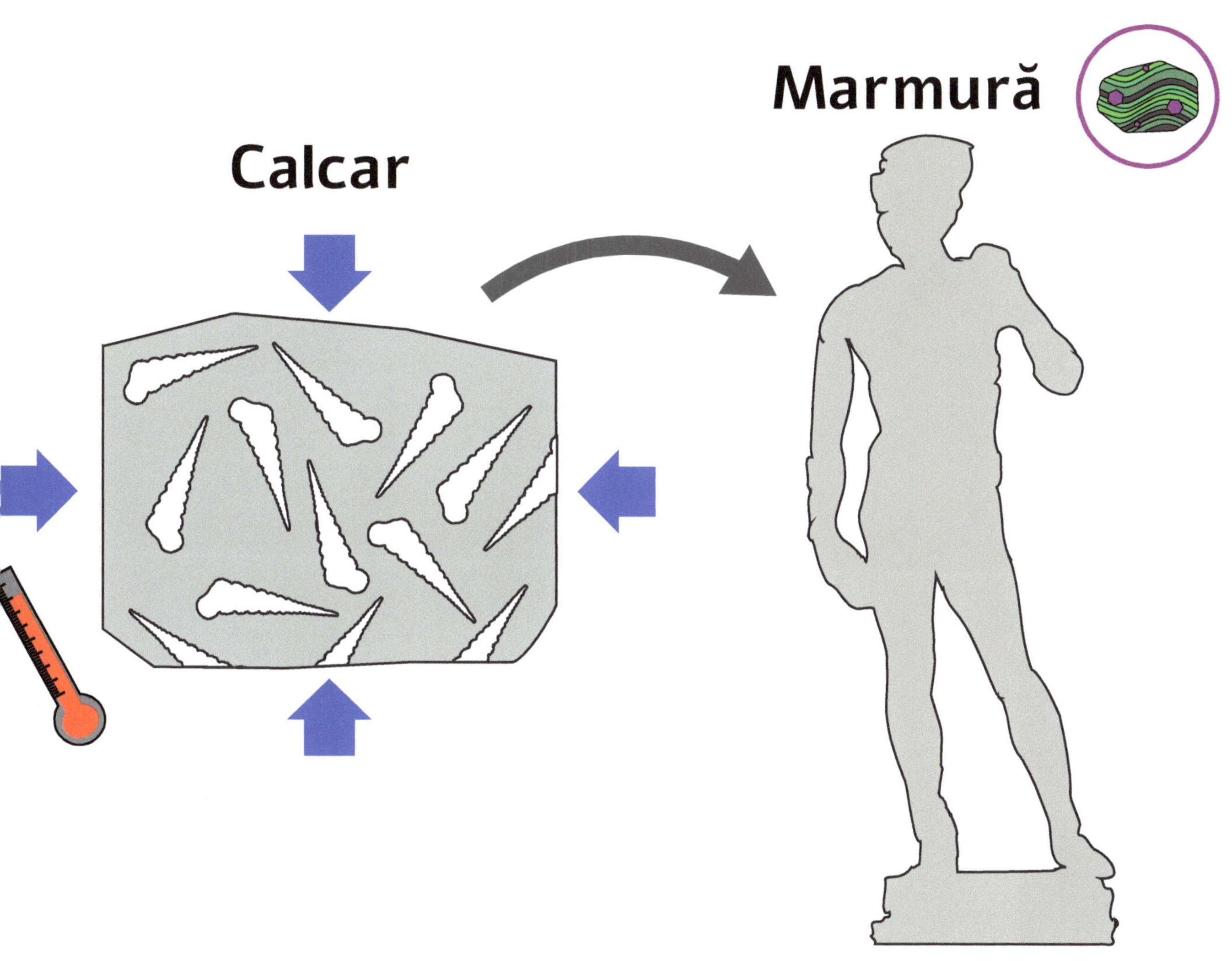

Tot așa obținem marmura pentru statui și palate!

Roci magmatice

Roci sedimentare

Roci metamorfice

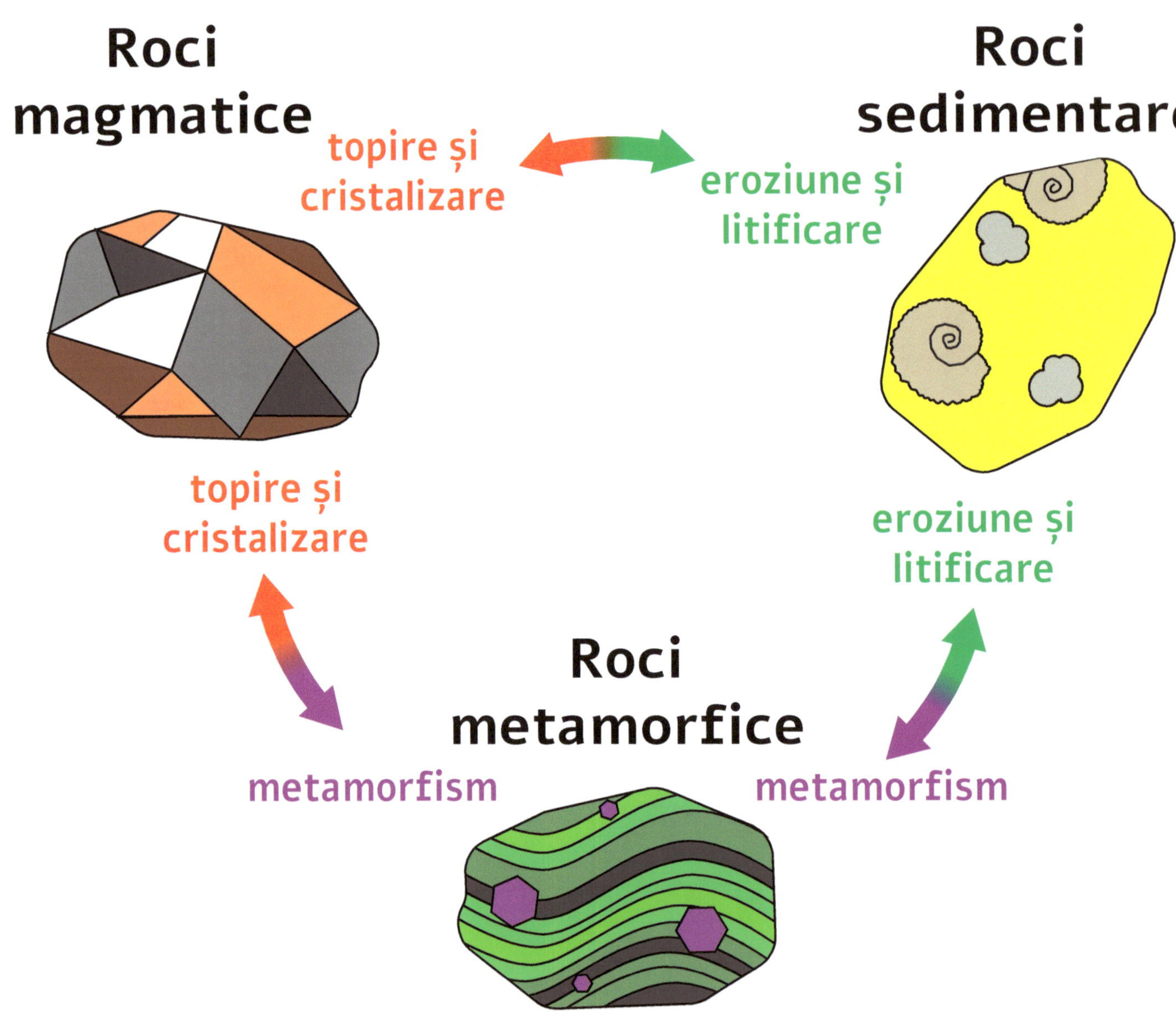

Toate rocile trec prin acest ciclu fără sfârșit.

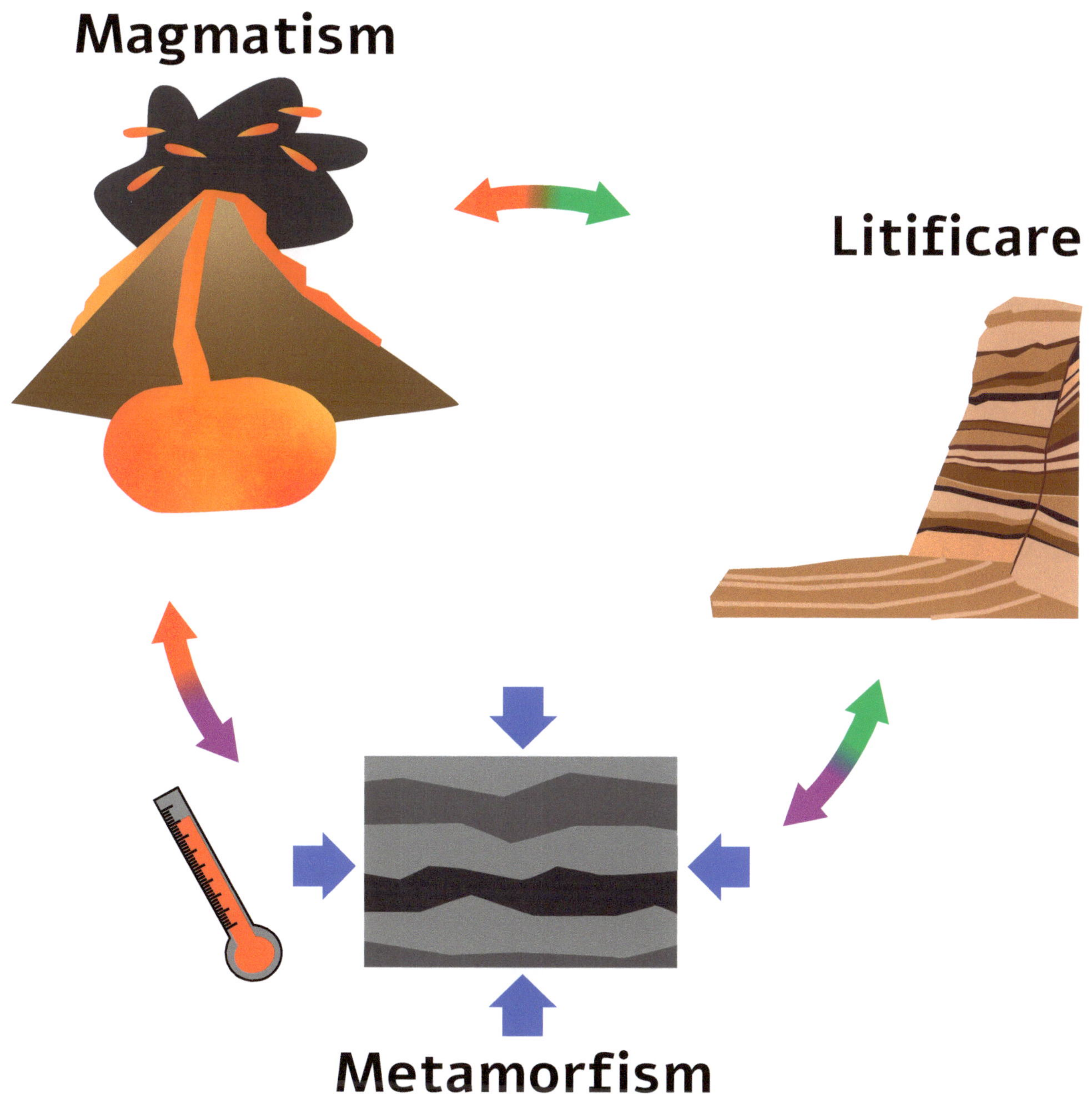

Acesta este ciclul rocilor!

Lexicon

Element - O substanță chimică compusă dintr-un singur tip de atomi. Elementele chimice constituie toată materia din univers. Magneziul (*magnesium*), fierul (*iron*), siliciul (*silicon*) și oxigenul (*oxygen*) sunt toate exemple de elemente.

Eroziune - Descompunerea, dizolvarea și îndepărtarea rocilor și solurilor de pe scoarța Pământului de către plante, ploaie, vânt, râuri și ghețari.

Fosilă - Rămășițe sau urme conservate ale oricărei creaturi vii. Oasele, scoicile, amprentele, părul și lemnul pietrificat sunt toate exemple de fosile.

Lavă - Rocă topită (magmă) la temperaturi cuprinse între 700 și 1.200°C (1.292 până la 2.192°F) care ajung la suprafața Pământului.

Litificare - Transformarea sedimentelor în roci sedimentare prin compactare, înlăturarea apei și cimentare.

Magma - Rocă topită la temperaturi cuprinse între 700 și 1.200°C (1.292 până la 2.192°F) care nu a ajuns încă la suprafața Pământului.

Metamorfism - Transformarea structurii și compoziției mineralelor din rocile

Meteorizare - Degradarea, descompunerea și dizolvarea rocilor și mineralelor prin interacțiunea cu aerul și apa de la suprafața Pământului.

Mineral - Un compus solid natural, cu o compoziție chimică și o structură cristalină bine definită. Calcitul, aragonitul, granatul și cuarțul sunt toate exemple de minerale.

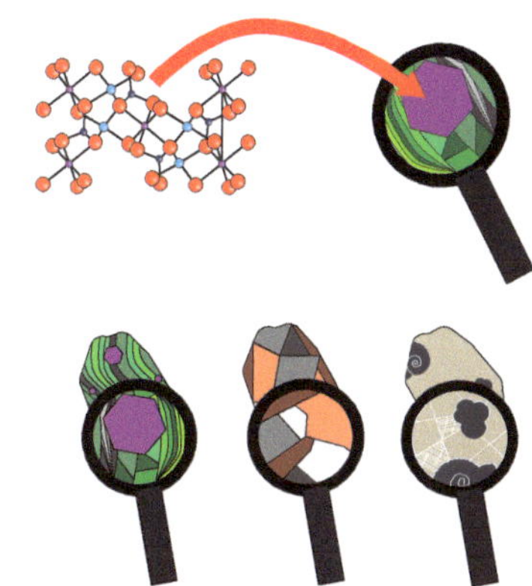

Rocă - O masă solidă naturală sau un agregat de minerale. Granitul, calcarul, șistul și marmura sunt toate exemple de roci.

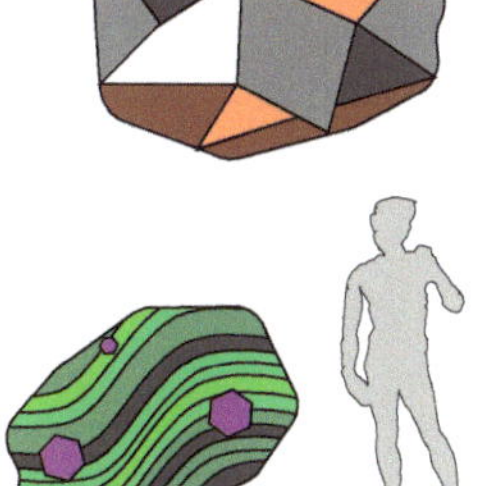

Roci magmatice - Roci formate prin cristalizarea magmei și a lavei în răcire. Granitul (*granite*), gabroul (*gabbro*) și bazaltul (*basalt*) sunt toate exemple de roci magmatice.

Roci metamorfice - Roci formate prin metamorfismul altor roci ca răspuns la încălzire și presiune crescută, timp în care se formează noi minerale în detrimentul mineralelor originale. Marmura (*marble*), șistul (*schist*) și ardezia (*slate*) sunt toate tipuri de roci metamorfice.

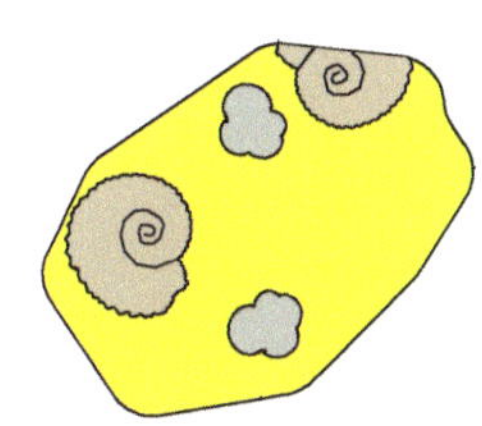

Roci sedimentare - Un tip de roci care se formează prin litificarea particulelor și a fragmentelor de roci. Compoziția și textura lor depinde de mediul de depunere. Rocile sedimentare se formează în aproape toate mediile terestre și subacvatice. Calcarul (*limestone*) și gresia (*sandstone*) sunt toate exemple de roci sedimentare.

Sedimente - fragmente de roci, soluri și fosile care s-au format prin eroziune și dezagregare. Sedimentele sunt transportate de vânt, apă și gheață. Nisipul și argila sunt tipuri de sedimente care, prin litificare, pot fi transformate în gresie și, respectiv, șisturi.

* 9 7 8 9 6 5 9 2 8 6 7 4 4 *